Kringle Cat Gets Lost In Peru

El gato Kringle se pierde en Perú

To Jasmine —

Enjoy the adventure!

Carrie Foshee
and
Kringle Cat

For Justin who made Kringle Tales possible
For Gilli and Brent who gave their hearts to the real Kringle
For Avery and her cat farm dreams
I love you all

Published by Kringle Tales Press, a division of Calm Teaching LLC.
310 S. 13th St
Coeur d Alene, ID 83814
kringletalespress.com

Copyright © 2016 by Carrie Foshee

All rights reserved. No part of this publication may be reproduced in whole or in part, or stored in a retrieval system, or transmitted in any form or by any means, electronic, mechanical, photocopying, recording, or otherwise, without written permission of the publisher.

ISBN 978-0-9971337-0-7

First Printing March 2016

Artwork is done in pencil and watercolor.

Kringle Cat Gets Lost In Peru
El gato Kringle se pierde en Perú

Carrie Foshee
Edwin Castillo Ramos
Karin Hillstrom

Kringle was a brave cat.

Kringle era un gato valiente.

Kringle was a cat who loved adventure.

Kringle era un gato al cual le encantaba la aventura.

He loved adventure so much that he could never stay home for long.

Tanto le gustaba la aventura que no permanecía demasiado tiempo en su casa.

But Kringle had a little problem.

Pero Kringle tenía un pequeño problema.

Every time he went on an adventure he got lost.

Cada vez que salía de aventura se perdía.

One day he closed his eyes, and stuck a claw in his map.

Un día cerró sus ojos y clavó una garra en su mapa.

He took a close look at the map.

Miró detenidamente el mapa.

Before he knew it he had arrived in Peru and was standing at Machu Picchu, but he was lost.

Antes de lo que imaginó había llegado a Perú y estaba parado frente a Machu Picchu, pero estaba perdido.

Then, he met a llama named Alfredo.

Luego conoció a una llama de nombre Alfredo.

He explained to Alfredo about his little problem.

Le explicó a Alfredo su pequeño problema.

Alfredo said that he knew lots of great places in Peru and would be happy to show Kringle around so he wouldn't get lost.

Alfredo le dijo que conocía muchos lugares fascinantes en Perú y que le gustaría mostrárselos a Kringle para que no se pierda.

Kringle rode on Alfredo's back.

Kringle se subió al lomo de Alfredo.

They went to Cusco for the Festival of the Sun.

Fueron a Cusco al Inti Raymi.

They went to Mancora and learned how to surf. Alfredo was afraid but Kringle helped him.

Fueron a Mancora y aprendieron a surfear. Alfredo tenía miedo pero Kringle le ayudó.

They went to Colca Canyon and saw huge condors soaring through the sky.

Fueron al Cañón del Colca y vieron enormes cóndores atravesando el cielo.

They went to Ayacucho so Kringle could try puca picante.

Fueron a Ayacucho para que Kringle pudiera probar puca picante.

Finally, they went to Lima so Kringle could visit Kennedy Park.

Finalmente, fueron a Lima para que Kringle pudiera visitar el parque Kennedy.

Kringle was getting tired.

Kringle se estaba cansando.

Zzzzzzzzz…

Zzzzzzzzz…   Zzzzzzzzz…

When Kringle woke up he was back in his own kitty bed.

Cuando Kringle despertó estaba nuevamente en su camita para gatos.

Kringle stretched and thought about his amazing trip to Peru…

Kringle se estiró y pensó en su estupendo viaje a Perú…

and started planning his next trip.

y empezó a planificar su próximo viaje.

Want to learn more about Peru? Here are some of the things I learned on my trip.

¿Quieres saber más sobre Perú? Estas son algunas cosas que he aprendido en mi viaje.

What's the difference between Llamas and Alpacas?

Some people get these two animals mixed up but really they look different. Llamas are bigger and taller than alpacas. Llamas have long ears. Alpacas have short ears. Llamas have a long face. Alpacas have a furry, more squished face that many people find adorable.

¿Cuál es la diferencia entre las llamas y las alpacas?

Algunas personas mezclan estos dos animales, pero en realidad se ven diferentes. Las llamas son más grandes y más altas que las alpacas. Las llamas tienen orejas largas y en cambio las alpacas tienen orejas cortas. Las llamas tienen una cara larga. Las alpacas tienen la cara peluda, más aplastada y muchas personas las consideran encantadoras.

What is Machu Picchu?

Machu Picchu is one of the world's most famous manmade wonders. Some scientists think that it was either a royal estate or a sacred religious site for the Inca leaders. It was built out of stone and has more than 150 buildings with more than 3000 steps connecting the different levels. More people visit Machu Picchu than any other attraction in Peru. It is South America's most famous ruins.

¿Qué es Machu Picchu?

Machu Picchu es una de las maravillas más famosas del mundo construida por el hombre. Algunos científicos creen que era o bien un estado real o un santuario religioso para los líderes incaicos. Fue construida en piedra y tiene más de 150 edificios con más de 3000 escalones que conectan los diferentes niveles. Muchas personas visitan más Machu Picchu que cualquier otra atracción en el Perú. Son las ruinas más famosas de América del Sur.

More about Cusco

Cusco is a city high in the Andes Mountains. It is so high that when you first get there it can feel a bit hard to breath. If you just relax the first day then your body will get used to breathing the thin air. Cusco used to be the capital of the Inca Empire. Now people go to visit the beautiful old buildings. It's also the city where most people stay before or after they visit Machu Picchu.

Más sobre Cusco

Cusco es una ciudad situada en lo alto de las montañas de los Andes. Está ubicada tan alta que cuando llegas allí se hace difícil respirar. Si te relajas el primer día, tu cuerpo se acostumbrará a respirar ese aire fino. Cusco solía ser la capital del Imperio Inca. Ahora la gente va a visitar los bellos edificios antiguos. Es también la ciudad donde la mayoría de la gente se queda antes o después de visitar Machu Picchu.

What is Inti Raymi?

Inti Raymi means Festival of the Sun. It's kind of like a nine day party celebrating the sun although parts of the festival are very serious. The festival happens each June in Cusco around the time of the South American winter solstice. The winter solstice is when the day is the shortest for the whole year and the night is the longest. Hundreds of thousands of people go to Cusco each year for this festival.

¿Qué es Inti Raymi?

Inti Raymi significa Festival del Sol. Es una fiesta de nueve días donde se celebra el sol aunque algunas partes de la fiesta son más serias. El festival se celebra cada mes de junio en Cusco para la época del solsticio de invierno sudamericano. El solsticio de invierno es cuando el día es el más corto de todo el año y la noche es la más larga. Cientos de miles de personas van a Cusco cada año para asistir al festival.

More about Mancora

Mancora is a small town and beach resort in Northwestern Peru. Lots of people visit to relax in the sun, swim in the ocean and surf. You can take surfing lessons if you want.

Más sobre Máncora

Máncora es un pequeño balneario en el noroeste de Perú. Hay mucha gente que lo visita para relajarse al sol, nadar en el océano y hacer el surf. Si quieres, puedes tomar clases de surf.

More about Colca Canyon

Colca Canyon is a beautiful canyon that is almost twice as deep as the Grand Canyon. The giant Andean condors live there and if you visit you may see them flying very close to you. Make sure you wear warm clothes because it can be really cold.

Más sobre el Cañón del Colca

El Cañón del Colca es un hermoso cañón casi dos veces más profundo que el Gran Cañón. Los cóndores andinos gigantes viven allí y si lo visitas puedes verlos volar muy cerca de ti. Asegúrate de usar ropa de abrigo, ya que puede hacer mucho frío.

More about Ayacucho

Ayacucho is a city high in the Andes Mountains. It is also called Huamanga. The people that live there speak Spanish and Quechua. Ayacucho is famous because it has 33 churches and the second largest Easter celebration in the entire world.

Más sobre Ayacucho

Ayacucho es una ciudad en lo alto de las montañas de los Andes. También se la llama Huamanga. Las personas que viven allí hablan español y quechua. Ayacucho es famoso porque tiene 33 iglesias y la segunda celebración de la Pascua más grande de todo el mundo.

What is Puca Picante?

Puca Picante is a delicious stew typical of Ayacucho. Puca means red in Quechua. Picante means spicy in Spanish. It is made with potatoes, peanuts, onions, spices, and beets. The beets are added to give the Puca its bright red color.

¿Qué es Puca Picante?

Puca Picante es un delicioso guiso típico de Ayacucho. Puca significa rojo en quechua. Picante significa muy condimentado en español. Está hecha con papas, cacahuates, cebollas, especias y remolacha (betarraga). Se añaden las remolachas (betarragas) para darle al Puca su color rojo brillante.

More about Lima

Lima is the capital of Peru and also its largest city. It is one of the largest cities in South America. About one third of all the people in Peru live in or around Lima. The city is known for its wonderful restaurants.

Más sobre Lima

Lima es la capital del Perú y también su ciudad más grande. Es una de las ciudades más grandes de América del Sur. Casi un tercio de todas las personas en Perú viven en Lima o cerca de ella. La ciudad es conocida por sus maravillosos restaurantes.

More about Kennedy Park

This beautiful park is in the Miraflores district of Lima and honors the United States President John F. Kennedy. Here you will see painters, musicians, people selling beautiful crafts, and delicious food for sale. You will also see cats like me! There are around 80 that live in the park. These cats are cared for by a group of people who make sure that they are fed and kept healthy. It is fun for people to sit in the park and have a cat (or two or three or four) come and sit next to them or on their lap.

Más sobre el parque Kennedy

Este hermoso parque se encuentra en el distrito de Miraflores de Lima y hace honor al presidente de los Estados Unidos John F. Kennedy. Aquí podrás ver pintores, músicos, gente que vende bellas artesanías y deliciosa comida. ¡También podrás ver gatos como yo! En el parque viven aproximadamente 80. Cuenta con un grupo de personas que atiende a los gatos y se asegura de alimentarlos y que se mantengan saludables. A la gente le divierte sentarse en el parque y que un gato (o dos o tres o cuatro) venga y se siente al lado suyo o en su regazo.

I had a great time in Peru! I hope you can go there someday too! Your Friend,
 Kringle

¡Me divertí mucho en Perú! ¡Espero que también puedas ir allí algún día!
Tu amigo,
 Kringle

Made in the USA
San Bernardino, CA
21 April 2016